ELODIE ROJAS-TROVA

PREMIER RENDEZ-VOUS

Édition : BoD – Books on Demand,
12-14 Rond-point des champs-élysés,
75008 - Paris, France.

Impression : BoD – Books on Demand,
Norderstedt, Allemagne.

ISBN : 978-2-322-04091-9

Dépôt légal : Septembre 2015

« Il n'y a pas de hasards,
il n'y a que des rendez-vous. »

Paul Eluard

1.

Un jour, un rendez-vous. Je ne crois pas au hasard. Lorsque j'écris, j'ai toujours l'impression d'assister à une rencontre avec mes mots. Je ne les découvre pas, je ne les invente pas. Aucun mérite. Ils arrivent simplement vers moi car nous avions rendez-vous.

Et vous, cher lecteur, n'êtes pas ici par hasard non plus. Les mots, les poèmes, écrits tard le soir alors que tout le monde dort, vous attendaient. Vous arrivez enfin. Premier regard, première rencontre. Coup de foudre? Je l'espère! Et si l'on se découvrait un peu? Pas trop non plus, juste assez pour nous donner envie de se revoir.

***

Un jour de pacifique

Un alizé coquin viendrait tout tendrement
Caresser nos corps endormis.
Et s'éveillerait ton regard alangui,
Débarrassé de ses tourments.

Tu t'en irais en t'étirant,
Le dos meurtri par tant d'amours nocturnes,
Te plonger dans le courant,
Jouer avec l'écume.

Tu t'en irais pour mieux revenir,
La bouche débordante de baisers salés,
Et les mains caressantes comme ce cher alizé.

La vie s'écoulerait au rythme du ressac,

La houle nous accompagnerait

Dans nos étreintes folles.

Et le bonheur serait au rendez-vous

Que nos cœurs se donnèrent,

Soudain devenus fous

Par trop de nos chimères.

***

Nuit timide

A la lueur de la chandelle,
Dont la flamme vacille et étincelle,
Est ta bouche sur ma joue
Et mon âme à tes genoux.

J'emporterai ce pieu baiser,
Tu me liras des poèmes,
Et d'une voix étouffée,
Je te dirai « je t'aime ».

***

Le pèlerin

Sur le sentier au dessin tortueux,
Il marche sans s'arrêter,
A s'en user les yeux,
Jusqu'au bout de sa réalité.

Chaque pas est une prière,
Dans le silence de son esprit,
Chaque jour est une poussière,
Dans le tourbillon de sa vie.

Il marche comme on respire,
Sans en voir la fin,
Il avance comme il pourrait lire,
Les chapitres de son destin.

Il pourrait se pardonner,
Les péchés commis autrefois,
Les erreurs de son passé,
Qui le rattrapent à chaque pas.

Il se punit lui même,
Marchant sur des cailloux,
Il échappe hors d'haleine,
A tout ce qui le rend fou.

La saleté du chemin,
Le lave de ses reproches,
Le transforme en pèlerin,
Lorsqu'il entend les cloches.

***

Voyage

Les arbres filent sur le bas côté,
Ombres frêles sous le soleil,
Aucun vent pour les animer,
Le plomb de l'astre en étincelles.

L'asphalte glisse tout en dessous,
Avalé par nos désirs,
Brûlant de tous ces autres nous,
Qui émergent d'anciens soupirs.

Les somnambules vont se coucher,
Dernière pirouette de zombies,
Les bagages lourds et chargés,
De la grande hypocrisie.

Battements, enfin,
De nos coeurs endoloris,
Regards, enfin,
De ton ardente envie.

Les semblants peuvent s'éloigner,
On file sur la route de l'infini,
L'amour ne nous a pas quitté,
On s'emballe et on oublie.

Je revois la lumière dans tes yeux,
Celle du premier jour,
Me pénétrer de ses mille feux,
Intense brasier au doux retour.

Où étais-tu?
Je n'osais plus te chercher,
Mon ivresse perdue,
Dans les « jamais » parjurés.

Noyée dans l'agonie,
De ce vil quotidien,
De cette fausse ignominie,
Qui empêtre nos matins.

Petit trait de lumière apparait,
Qui nous rappelle soudain,
L'injuste réalité,
Amère prison de nos besoins.

Quand commence le voyage,
Et finissent les tromperies,
La vie éclate comme un orage,
Dans nos silences ébahis.

***

L'inspiration

Elle va, elle vient,
Sans raison, sans logique,
Hier, demain,
Mon amie sympathique.

Parfois elle me manque,
Parfois elle envahit,
Souvent elle se planque,
Et je me languis.

Elle transforme les heures,
En instants fugaces,
Elle vague en mon coeur,
Sans y laisser trace.

Elle emplit mon esprit,
D'idées saugrenues,
Puis elle me sourit,
Telle une ingénue.

Et si elle disparait,
Alors soudain j'ai peur,
De voir mes pensées,
S'envoler ailleurs.

***

Cadeau

Nouveau jour,
Emplit d'univers de possibles,
Sourire velours,
Ramassé dans nos paisibles.

Offerte, précieux cadeau,
La vie qui frappe des mains,
Le temps, tel un fardeau,
S'échappera vers demain.

Elle passe, s'en va,
La peur à reculons,
Revient puis s'enfuira,
Clignotant papillon.

Picote mes humeurs,
Chagrin d'humanité,
Disparu le bonheur,
Dans mon coeur écorché.

Nuit solennelle,
Ta peau en oreiller,
Consolera mes peines,
Ma foi éparpillée.

Mais, nouveau jour,
Emplit d'univers de possibles,
Papillons tout autour,
Aux ailes d'amours fragiles.

***

Corsica

Dans mon sang mélangé coulent tes rivières
Glacées d'impossibles hauteurs,
Des torrents oubliés dans les brumes d'hier,
Ou d'un mince filet des tourments d'un ailleurs.

Dans mes yeux couleur de tes châtaignes,
Se reflètent tes forêts aux souvenirs effacés,
D'ignorante insouciance et de peurs incertaines,
De bonheurs d'une enfance en sursauts de fierté.

Dans ma bouche éclatent tes saveurs,
De chevreaux de couleurs en nature généreuse,
S'y mêlant le maquis riche de ses odeurs,
M'y perdant de malheurs en histoires
douloureuses.

Ton écrin de beauté, bleu de mer admirée,
Me repousse et me tiraille,
Souffrances transpercées, bleu de mer éloignée,
De vains espoirs de retrouvailles.

Merci à toi, ma terre,
Pour m'avoir nourrie de ton sein,
De ces fortes goulées de ton caractère,
A ton peuple toujours assassin.

Regarde dans mes mains serpenter tes sentiers,
Tes montagnes immuables et tes villages arrêtés,
Tes Pierres inlassables au destin tout tracé,

Regarde dans mon coeur aux rythmes déchainés,
Battre toute la douleur de ta diaspora,
En miettes injustement dispersées,
Regarde, ma Corsica.

***

Le temps

Il a lissé les pierres,
Roulantes de douceur,
Qui gisent dans les rivières.

A usé les pavés,
Emouvants témoignages,
Que battent nos pauvres pieds.

Gommé toute trace,
D'histoires oubliées,
Et de moments fugaces.

Il file et court,
A toute allure,
Sans un détour.

Qu'il se détienne,
Juste un instant,
Qu'on le retienne!

Qu'il s'arrête, le temps,
Et qu'il me laisse le temps,

De voir la passion t'embraser,
L'amour enfin nous rattraper.
La bonté m'envahir,
Et nos corps tressaillir.

Qu'il s'immobilise,
Pour qu'on s'éternise.

Transformant nos secondes,
Gonflées de promesses,
En décennies fécondes.

Effaçant nos peurs,
D'ignoble vieillesse,
Et de grand Malheur.

Soyons immortels!
Que pendant ce temps,
Le temps demeure intemporel.

***

Don de soi

Mes matins prometteurs,
Mes soirées embrumées,
Mes amours dans le coeur,
Et mes larmes irisées,

Prends tout!

Les hier douloureux,
Les demain fabuleux,
Les oui sans hésiter,
Les non avec regret,

Prends tout!

Quand le vent m'emportera,
Qu'il n'y aura plus de moi,
Je partirai le coeur léger
De t'avoir tout donné.

***

La maison de nos rêves

La maison de nos rêves,
Un jour surgira d'une terre,
Dont l'exil est en grève.

Dans une vallée de velours,
Où coulent des rivières de paix,
Qui serpentent alentours.

Au milieu d'herbes sauvages,
Qui nous enivreront,
Lorsque nous serons trop sages.

Nous la bâtirons de nos deux mains liées,
De pierres taillées dans nos étreintes,
Et cimentées de nos caresses adorées.

Nous y cacherons des secrets,
Sous les toits éphémères,
De nos vies enlacées.

Nous y mettrons des morceaux de bonheurs,
Dans tous les coins éparpillés,
De souvenirs en couleurs.

Chaque pièce aura l'odeur,
De ta peau contre la mienne,
Quand s'allongent les heures.

Nous nous y perdrons parfois,
Dans les dédales de notre histoire,
Oubliant tous nos pourquoi.

Elle saura toujours abriter,
Nos attentes les plus folles,
Sans jamais vaciller.

Ses fenêtres resteront ouvertes,
Pour laisser s'envoler nos peines,
Et entrer la découverte.

Sa porte sera ornée,
De nos joies les plus simples,
Comme pour témoigner,

Que nous étions vivants,
Que nous nous sommes aimés,
Plus que passionnément.

***

Humains

La boule bleue tourne toujours,
En une infinie course folle,
Ensemble, tour après tour,
Dans cette belle farandole.

Ici quelqu'un se meurt,
Là-bas un bébé qui pleure,
La vie qui court et se répand,
Partout et à chaque instant.

Je tue des innocents,
Pendant qu'il sauve des gens,
Je t'aime à en mourir,
Et elle ment comme elle respire.

Et pourtant dans cette étrange odyssée,
Nous sommes tous sur ce même bateau bleu,
A s'embrasser, se battre et adorer,
D'effroyables horreurs dont on a fait des dieux.

Tous les mêmes, pauvres diables d'humains,
Emplis d'amertume, de colères et de chagrins,
Tous les mêmes, magnifiques imperfections,
Pétris d'amour, de joies et de passions.

Que restera-t-il de nos erreurs?
Quand le monde s'arrêtera,
Qu'adviendra-t-il de nos rancoeurs?
Quand ton âme s'envolera.

Dans les secondes d'un univers
Et les promesses d'immensité,
Dans les particules amères
De nos corps disloqués.

Les mains tendues et les baisers,
Les rires aux yeux plissés.
Demeureront en étoiles éparpillées,
Brillantes de cette belle humanité.

***

Attente

Je cherchais tes mains
Sur mon corps dénudé,
Que tu voulais faire tien
Après quelques baisers.

Je balançais la tête
Et je cambrais les reins,
Pour mieux aimer ton être,
Et le prendre en mon sein.

Que d'amour j'ai rêvé,
Que de larmes ai pleuré,
En attendant en vain
La fuite de mon chagrin.

***

2.

Nous nous connaissons déjà mieux, vous et moi. Liés dans l'intime histoire que racontent nos mots enfin rassemblés. Notre rendez-vous bien entamé, bientôt touchera à sa fin. La liberté nous permettra, si nous osons y croire, un renouvellement tout secret. Puisqu'il ne tient qu'à nous de chasser le hasard, fils maudit de nos vouloir.

***

Sentir

Je veux juste sentir,
Avant qu'il soit trop tard,
Des émotions m'assaillir,
Surgissant de nulle part.

Je veux sentir la peine,
Déchirant mes entrailles,
Et devenir gangrène,
Découvrant chaque faille.

Je veux pleurer de joie,
Sursautant de bonheur,
Que mes larmes de soie,
Coulent avec ardeur.

Que ma peau devienne poule,
Lorsque tu te rapproches,
Que l'adrénaline s'enroule,
Et mon coeur s'effiloche.

Je veux sentir ma tête,
Tourner jusqu'au vertige,
Mon esprit qui s'arrête,
Mes idées en vestiges.

Le vent plissant mes yeux,
Le soleil qui me brûle,
Ton sourire délicieux,
Nos passions ridicules.

Sentir, chaque jour qui passe,
L'ennui m'empoisonner,
Nos rêves qui trépassent,
Et ma vie s'empêtrer.

Sentir ta présence me sauver,
Dans nos rires triomphants,
Ton regard m'envelopper,
Pour mieux bercer l'enfant.

***

Je te dirai

Je te dirai des mots insensés,
Des paroles pour toi seul inventées,
Les secrets inavouables qui hantent mes nuits,
Les espoirs incroyables dont je me nourris.

Je te dirai le temps qui s'envole,
Et les heures au ralenti,
Mes attentes un peu folles,
Et mes plus délirantes envies.

Je te dirai mes douleurs,
En éclairs de détresse,
Mes banales horreurs,
Et mes pluies de tristesse.

Je te dirai ma solitude,
Noyée dans ce monde,
Ton absence en interlude,
Et ma joie vagabonde.

Je te dirai mon amour,
Mes sentiments les plus tendres,
Nos possibles toujours,
Si tu pouvais m'entendre.

***

Elle vit

Quand il a le coeur gros,
Du poids de ses souvenirs,
Il dégaine ses mots,
Pour tracer leur avenir.

Il écrit sans trop y croire,
Sa douleur qui le ronge,
Il écrit quand il est tard,
Et qu'elle danse ses songes.

Et elle vit,
Dans ses paroles insensées,
Dans ses textes inédits,
Qu'il couche sur le papier.

Elle vit,
Dans les pages de son coeur,
Dans son âme meurtrie,
Dans les soupirs qui meurent.

Elle vit,
Dans des sursauts chantants,
Que parfois il écrit,
Pour faire rire ses enfants.

Elle vit,
Dans chaque pensée des siens,
Qui grandissent en lui,
Comme un nouveau matin.

Elle l'envie,
De rester auprès d'eux,
Dans l'amour qui grandit,
Sans devoir dire adieu.

Mais quand il écrit,
Déchirant le ciel noir,
Elle vit,
Blottie dans leurs espoirs.

***

Nostalgie patriotique

Les amusantes fêtes de quartier,
La musique sonne à tue-tête,
Et le traditionnel bal des pompiers,
Mes souvenirs à la fête.

Courir entre les tables,
Finir les fonds de verre,
Se cacher sous les nappes,
Pour éviter nos mères.

Feu d'artifice en plein été,
Célébrer mon cher pays,
Marseillaise encore chantée,
Se sentir une fois tous unis.

Je me rappelle très bien la fierté,
D'être née dans cette belle France,
Sentiment encore inégalé,
De généreuse appartenance.

Les droits de l'homme en étendard,
La liberté dans son écrin,
Emportés par la fanfare,
De nos aveugles fantassins.

Terre d'accueil qui maintenant rejette,
Ma nation méconnaissable,
De dirigeants malhonnêtes,
En citoyens implacables.

Je me rappelle ces tombes,
D'hommes pour toi sacrifiés,
L'injuste chagrin des colombes,
Les médailles en silence accrochées.

Je ne me rappelle pas,
La peur à chaque coin de rue,
La terreur sous les pas,
Des enfants aux pieds nus.

Je ne me rappelle pas,
La haine même plus déguisée,
La solitude en choléra,
Qui commencent à nous gangréner.

Où vas-tu, ma douce?
Sans capitaine et sans direction,
Personne à la rescousse,
Et moi j'ai mal à ma nation

***

Ma fille

Tes ailes de papillon,
Tes petites mains collées,
Ton regard d'abandon,
Ta vie en moi tissée.

Tu te joues du chagrin,
Tu tourbillonnes de joie,
Tu me donnes tes matins,
Tu trottes encore en moi.

Je t'admire en secret,
De tes rires en offrande,
Je t'embrasse émerveillée,
De tes larmes encore tendres.

Mon soleil et ma croix,
Tu grandis ma jolie fleur,
Mon ciel et mon émoi,
Tu éclos de bonheur.

Et moi j'espère juste un peu,
Te pétrir de mes plus jolis mots,
Façonner ton esprit fabuleux,
Et te garder pas plus qu'il n'en faut.

***

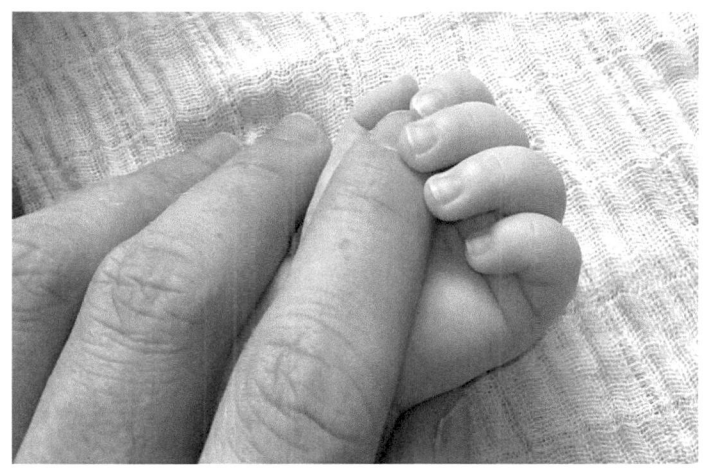

Je rêve

Je rêve encore et ne me lasse,
Malgré le temps qui passe
Et les déceptions qui s'entassent.

Je rêve de qui je serai,
Quand j'aurai cessé de rêver,
Quand je saurai le moment arrivé.

Je rêve de cette enfant grandie,
De la voir épanouie,
Et de me sentir un peu vieillie.

Je rêve des mots que j'écrirai,
Des livres bien rangés,
Et de prétentieuses fiertés.

Je rêve de nos âmes en duo,
Toujours sur le même tempo,
L'amour scellé bien comme il faut.

Je rêve d'une sagesse enfin acquise,
Au prix d'années de bêtises,
Et de toutes ces erreurs commises.

Je rêve de paix et de lumière,
D'un paisible coin de terre,
Où enterrer toutes mes colères.

Je rêve de cet instant béni,
Où tes yeux me diront l'infini,
Où tes lèvres scelleront mes envies.

Je rêve de ne jamais cesser,
De croire et d'essayer,
De souvent me tromper pour mieux y arriver.

***

Romanichel

C'est moi l'horreur et la misère,
En chaque endroit l'indésirable,
Enfant maudit sur cette terre,
C'est moi le pire inévitable.

Je supporte vos regards,
Et toujours je supplie,
Je vous cache mes espoirs,
Et encore je mendie.

C'est moi le diable de la rue,
Qui vous fait tourner les yeux,
Le voleur, cet inconnu,
Qui emporte vos jours heureux.

Je suis le fantôme de la ville,

Et je danse dans la tourmente,

Je suis le pantin inutile,

Et je crie quand je vous hante.

C'est moi l'humain désabusé,

Qui se noie dans le malheur,

C'est moi le fils exploité,

Qui se débat dans la peur.

Je suis le majestueux oiseau noir,

Le pauvre fabuleux bonhomme,

Qui vous effraie quand vient le soir,

Je suis l'affreux, le vilain rom.

***

Le père

Ces mains fortes aux doigts carrés,
Qui m'emportent loin de tout,
Ces beaux yeux méditerranée,
Et je plonge dans le tabou.

Il me protégeait, ce père,
Des peines assassines,
Je le nommai dans mes prières,
D'enfance aux heures chagrines.

Un jour il est parti,
Avec mon innocence,
Sous le poids des non-dits,
La douleur de l'absence.

Sacripant géniteur,
Il m'offre l'abandon,
Héritage de malheur,
Souffreteuse ablation.

Des briques de ton départ,
Je construirai des murs,
Des amours de remparts,
Pour oublier l'injure.

Du mortier de l'oubli,
Des restes de trahison,
Je bâtirai une vie,
De ma fidèle union.

De ta fière amertume,
Je nourrirai l'enfant,
De braves coups de plume,
Et d'esprit bienveillant.

De tes rêves illusoires,
Je damerai la piste,
De mes brillants espoirs,
En rumeurs d'artiste.

De ton ombre qui me suit,
Je forgerai l'épée,
Pour détruire cet ennemi,
Qui hantait mon passé.

***

Deuil

Dans les orages d'été
Et les bouquets fanés,
Dans les rires des enfants
Et les graines du temps,

Je te retrouverai

Dans les mains entrelacées
Et les coeurs emmêlés,
Dans les oiseaux de printemps
Et les souvenirs d'avant,

Je te retrouverai

Quand je tomberai à genoux
Dans l'ombre du désespoir,
Quand j'irai jusqu'au bout
Pour seulement te revoir,

Je te retrouverai

Pars, vas en paix!
Quand mon souffle sera le dernier,
Confiante et délivrée,
Je te retrouverai.

***

3.

Encore là? Cher ami, puisque d'être resté jusqu'ici vous devenez de fait un peu plus qu'un lecteur, permettez-moi de vous le demander: Vous reverrai-je?

***

Petit bonus hispanophone:

Gitana

Traje de volantes,
Ojo moreno,
Hasta los pendientes,
Los lleva a juego.

Sale la gitana

Tacones de madera,
Esconde su sonrisa,
Manos para arriba,
Se rie a carcajada.

Baila la gitana

Abrazos entrelazados,
Su corazón valiente,
Besos robados,
Su sangre caliente.

Vive la gitana

Miradas entendidas,
Y caricias prohibidas.
Promesas olvidadas,
Y lagrimas caídas.

Vuela la gitana.

***